I0162660

Fabio Paiva Reis

# As Consequências da Descoberta do Ouro

## História da Capitania do Espírito Santo
### *Vol. 1*

Spirito Sancto
2017

Reis, Fabio Paiva, 1986-

R375c        As Consequências da Descoberta do Ouro / Fabio Paiva Reis. –
Vitória: Spirito Sancto, 2017.

66 p. : il. – (História da Capitania do Espírito Santo. v.1)
Inclui bibliografia.
ISBN: 978-85-93801-05-1

1. Brasil – História - Capitanias hereditárias, 1534-1762. 2. Espírito
Santo (Estado) - História. 3. América - Descobertas e explorações
portuguesas. 4. Brasil – História - Período colonial, 1500-1822. I. Título.

CDU: 94(815.2)

*Para o Espírito Santo*

# ÍNDICE

# INTRODUÇÃO

Ouro! Não há palavra que descreva melhor o a base do funcionamento da economia brasileira e portuguesa durante o século XVIII. Durante todo esse período de mineração o foco da Coroa esteve na região das Minas Gerais, local que mais produziu e exportou metais preciosos em todo o Brasil.

Ao olharmos os livros didáticos de nossas crianças, nos deparamos com a triste realidade: o Espírito Santo nem é mencionado na maior parte deles e poucos desses alunos sabem que a Capitania Real das Minas Gerais, onde se passa toda a unidade sobre o famoso Ciclo do Ouro, fazia parte da Capitania do Espírito Santo. Sim. O ouro estava em nossas terras.

Aquela localização pertencia à Capitania do Espírito Santo desde o início da história do Brasil. Com a descoberta das terras feita pelos portugueses, com a divisão e distribuição das Capitanias Hereditárias e a doação do território capixaba ao fidalgo Vasco Fernandes Coutinho em 1 de junho de 1934, o território capixaba adentrava os sertões brasileiros.

O Espírito Santo surge em torno de duas vilas: Vila Velha, fundada em 1934 como Vila do Espírito Santo, e Vitória. Apesar da sede da capitania ter sido situada inicialmente na primeira, foi na segunda vila que ela se estabeleceu, servindo como base para as incursões no interior.

Vitória é uma das cidades mais antigas do Brasil. Fundada oficialmente no dia 8 de setembro de 1551, a Vila de Nossa Senhora da Vitória tem com certeza muita história para contar. Apesar do considerável número de publicações sobre a história capixaba, essas obras tendem a continuar no meio acadêmico.

Infelizmente, o povo capixaba não tem acesso a essas histórias do estado e da Cidade Presépio, como carinhosamente o historiador José Tatagiba chama Vitória. A história de nossa terra ainda se encontra com muitas lacunas esperando para serem preenchidas.

Há a necessidade de tornar acessível ao público em geral as produções relacionadas ao Espírito Santo e aumentar o número dessas, para que mais e mais possamos iluminar os cantos escuros de nossa própria história.

Com esse trabalho, querido leitor, pretendo discutir e analisar o polêmico tema das consequências da descoberta do ouro para a Capitania do Espírito Santo. Para isso, mostrarei os interesses pelos metais preciosos desde a chegada dos portugueses até 1693, quando é documentado o primeiro registro de ouro em Vitória.

A partir de então, acompanharemos as principais medidas todas para a proteção das minas, posteriormente Capitania das Minas Gerais, de possíveis tentativas de invasão, da enorme quantidade de pessoas que para lá foi com o sonho da riqueza e, principalmente, do extravio de metais preciosos, que diminuía a arrecadação portuguesa.

Durante essa fase, passaremos também pelas minas de Castelo, que são um exemplo de como as ordens régias para não abrir estradas para o interior não eram cumpridas devidamente. Essas minas, descobertas no século XVIII foram exploradas por uma considerável população até a expulsão ocorrida devido aos ataques de nativos.

Depois disso, farei uma análise da situação da Capitania do Espírito Santo no início do século XIX a partir de diversas cartas escritas na época. Com essas cartas, veremos o estado econômico em que o Espírito Santo se encontrava após o grande período de extração aurífera e se houve benefícios ou desvantagens para a capitania com a descoberta do ouro em seu próprio território.

Espero assim apresentar uma obra abrangente, trazendo várias informações relacionadas ao tema, que realmente se inicia com a vinda dos portugueses, mas manter o foco principal no que muitos chamam de "Ciclo do Ouro".

Esse é um trabalho desenvolvido a partir de um grande número de obras sobre o tema, dando preferência a autores capixabas que já analisaram o tema anteriormente.

A parte final dessa obra, entretanto, é a de maior valor pois apresenta uma discussão a partir de fontes históricas que trazem inclusive informações sobre a Rota Imperial, agora incluída na Estrada Real, que unia Minas Gerais ao Espírito Santo, sendo uma das primeiras estradas feitas entre as duas capitanias após o fim do bloqueio da Coroa Portuguesa.

# UM CONTEXTO HISTÓRICO

## DOS INTERESSES E DA SERRA DAS ESMERALDAS

Vasco Fernandes Coutinho, o primeiro donatário da Capitania do Espírito Santo, já apresentava o incessante desejo dos portugueses em encontrar metais preciosos no Novo Continente. A verdade é que tanto os nobres europeus quanto os criminosos enviados para o Brasil para pagar suas penas traziam consigo a idéia da busca pelo ouro.

A prova disso está no fato de Coutinho ter trazido consigo, já em sua primeira viagem à sua capitania, um especialista no assunto. Era um espanhol de nome Felipe Guilhem, "que se supõe fora boticário na Andaluzia e que era entendido em matéria de mineração"[1].

O rei, por sua vez, também esperava a descoberta de metais preciosos. Isso estava expresso em exigências a cada um que recebesse o comando de alguma donataria em terras

---

[1] AMARAL, Bras de apud TEIXEIRA, José Oliveira de. **História do Estado do Espírito Santo**. Ed. Vitória: Arquivo Público do Estado do Espírito Santo: Secretaria de Estado da Cultura, 2008. p. 46.

brasileiras. Na carta de doação da capitania do Espírito Santo, o monarca exige que,

> Avemdo nas terras da dita capitania costa mares rrios e bahyas dela qualquer sorte de pedraria perlas, aljoffar, ouro, prata, coral, cobre, estanho, chumbo ou outra qualquer sorte de metal pagar-se-há a mym o quimto do qual quimto averaa o capitam ssua dizema como se comthem em sua doaçam e ser-lhe-há emtregue a parte que lhe na dita dizema momtar ao tempo que se ho dito quimto per meus oficiaes pêra mym arrecadar[2].

Estando isso expresso na carta de doação da Capitania do Espírito Santo, a Coroa garantia assim a sua participação nos rendimentos que proviriam de "qualquer sorte de metal". Desde então, o valor revertido a Portugal era a quinta parte do extraído.

Além disso, ainda em seu primeiro ano na capitania, o donatário realizou entrada que o levou ao Norte, mas sem resultados. Fez sua exploração em direção ao Mestre Álvaro, tendo alcançado a região que viria a se chamar Serra, local onde futuramente seriam encontradas algumas minas de prata.

Tornava-se clara a necessidade de mais homens para a realização desses trabalhos. A Capitania do Espírito Santo passou por sérias dificuldades, em seu início, de desenvolver uma povoação sustentável devido à falta de colonos. E para resolver esses problemas, algumas soluções foram encontradas.

---

[2] TEIXEIRA, 2008. p. 33.

A política portuguesa para a conquista dos novos territórios variava entre as levas de criminosos da metrópole para a colônia e da miscigenação. Sérgio Buarque de Holanda diz que "foi, em parte, graças a esse processo [de miscigenação] que eles puderam, sem esforço sobre-humano, construir uma pátria nova longe da sua"[3].

Foi assim que surgiu a Vila de Vitória, no ano de 1550, local que seria bem visto por muitos, inclusive pelos jesuítas, que logo foram ali habitar. Desde essa época havia o rumor de minas nas proximidades da povoação: "seus montes estão prenhes de minas de varia sorte de pedraria, e segundo dizem, de prata, e ouro: será feliz o tempo em que saião a luz com seu parto"[4].

Esse e outros relatos surgiram nos primeiros anos, mas sem causar maiores rebuliços. E é por causa de sua posição estratégica, dos relatos da qualidade de suas terras e das riquezas de Vitória é que Mem de Sá, então Governador Geral, cogitou em carta ao Rei[5] a possibilidade de estabelecer no Espírito Santo outra cidade como Salvador, sede do governo no Brasil.

Sua idéia, que não foi correspondida, era poder defender melhor o litoral dos invasores franceses, que ocuparam o Rio de Janeiro entre 1555 e 1567, e dos ataques dos nativos.

Apesar de algumas tribos terem sido catequizadas e terem entrado em paz com os portugueses, tendo inclusive lutado na

---

[3] HOLANDA, Sérgio Buarque de. **Raízes do Brasil**. 26ªed. São Paulo: Companhia das Letras, 1995. p. 66.
[4] VASCONCELOS apud PENA, Misael Ferreira. **História da Província do Espírito Santo**. Rio de Janeiro, 1878. p. 30.
[5] SÁ, Mém de. **Carta para El-rei (primeiro de junho de 1558)** in Anais da Biblioteca Nacional, XXVII, p. 225.

libertação do Rio de Janeiro, grande parte dos índios continuavam habitando o interior do Brasil e atacando as vilas portuguesas.

As primeiras notícias sobre esmeraldas surgiram em 1573 com a chegada de Sebastião Fernandes Tourinho e seus quatrocentos companheiros ao litoral. Tendo passado dois anos no interior da colônia, subindo o Rio Doce, encontrou algumas pedras preciosas que despertaram o interesse do governador Luis de Brito e Almeida.

No ano seguinte, outra bandeira partiu em busca de novas pedras, comandada por Dias Adorno. Apesar de suas pedras não terem sido recebidas com entusiasmo – o que seria um sinal de seu baixo valor –, a bandeira trouxe ao litoral cerca de sete mil nativos como escravos[6].

O número de índios capturados nessa bandeira é bastante expressivo já que quase se iguala a um censo de 1790[7], onde a população da Vila de Vitória é definida em algo próximo a 8.000 pessoas: 2.327 livres e 4.898 escravos, para mais.

O bom desenvolvimento da capitania já se tornava conhecido dos estrangeiros. Inclusive de Thomas Cavendish, corsário inglês que em 1592 trazia na tripulação um português. Conhecido como o terceiro homem a dar a volta ao mundo[8], o

---

[6] PIRAJÁ apud TEIXEIRA, 2008. p.106.
[7] Informação do Capitão-mor Ignacio João Mongiardino ao Governador da Bahia sobre a Capitania do Espírito Santo, em 11 de julho de 1790. In LEAL, João Eurípedes Franklin. **Espirito Santo: Documentos Administrativos Coloniais.** Série Documentos Capixabas, Vol.2. Fundação Jones Santos neves, 1979.
[8] BRITANNICA ONLINE ENCYCLOPEDIA. **Thomas Cavendish.** Disponível em: http://www.britannica.com/EBchecked/topic/100672/Thomas-Cavendish. Acesso em: 10/09/2008

inglês vinha de Santos, cidade que saqueou, para o Norte, quando recebeu a proposta de seu marujo português de atacar a Vila de Vitória, com engenhos e riquezas a saquear.

Atacar não foi uma tarefa tão fácil quanto os piratas poderiam imaginar. O próprio capitão não estava confiante em invadir a vila e o diário de um de seus marujos conta a história da derrota de Cavendish[9], que morreu ainda no mesmo ano em viagem à África. Nessa época foi construído um fortim aonde viria a existir o Forte São João e outro em frente, do outro lado do canal, ao pé do Penedo.

Seis anos após o ataque acima comentado, é a vez do Governador Geral do Brasil visitar o Espírito Santo em companhia de um mineiro, de nome Jaques de Oalete, e um engenheiro chamado Giraldo Betink, ambos alemães. D. Francisco de Souza chegou em outubro de 1598 a caminho da Capitania de São Vicente e permaneceu em terras capixabas por cerca de um mês. O motivo foi ter ouvido falar dos metais preciosos nas proximidades.

Enquanto examinava as minas, o governador mantinha trabalhadores tanto na Bahia quanto em São Vicente em busca de metais preciosos. No Mestre Álvaro, na Serra, ele teria encontrado tanto prata como algumas esmeraldas[10]. Ao deixar Vitória para continuar sua viagem, organizou na vila um pequeno forte, ao qual forneceu duas peças de artilharia para defesa.

---

[9] KNIVET, Anthony. **As Incríveis Aventuras e Estranhos Infortúnios de Anthony Knivet**. Rio de Janeiro. Jorge Zahar Editor, 2007.
[10] FREIRE, Mário Aristides. **A Capitania do Espírito Santo: Crônicas da Vida Capixaba no tempo dos Capitães-mores**. Vitória: Flor & Cultura Editores, 2006. p. 101.

Nessa época, a sede da capitania seguia seu rumo de crescimento. "As culturas principais eram, além da cana, de que se faziam açúcar e aguardente, algodão, arroz e tabaco. Vitória contava cerca de 700 habitantes e tinha já boas casas de negócio; tinha colégio e conventos..."[11]. Além disso, possuía quatro ou cinco engenhos e, "sem contar o estanco do pau-brasil, os dízimos no Espírito Santo produziam Rs 353$120. Menos era arrecadado em Sergipe, Ilhéus e Porto Seguro. O total no Brasil não ia além de Rs 42:000$000"[12].

# DAS DIFICULDADES DE MANUTENÇÃO

No início do século seguinte, a 2 de janeiro de 1608, o já citado D. Francisco de Souza, agora ex-governador geral, recebe de Felipe III a patente de Capitão General e Administrador das Minas, tornando-se responsável pelas capitanias do Espírito Santo, Rio de Janeiro e São Vicente[13]. Felipe III era rei da Espanha e Portugal, devido à União Ibéria, período que perdura até 1640.

Essa era a primeira vez que a administração da colônia seria dividida após a criação do Governo Geral. D. Francisco de Souza teria assim poder sobre as minas que já haviam sido descobertas e todas que fossem encontradas nos próximos anos.

---

[11] TEIXEIRA, 2008. p.126.
[12] FREIRE, 2006. p.103.
[13] DAEMON, Bazilio Carvalho. **Província do Espírito Santo: Sua Descoberta, Historia Chronologica, Synopsis e Estatistica**. Vitória: Typographia do Espirito-Santense. 1879. P. 104. Disponível em: http://www.ape.es.gov.br/daemon_livro.htm. Acesso em: 10/09/2008.

[

O que era devido à Coroa, desde já, era a quinta parte da quantidade de metal retirada da terra.

Entretanto, mesmo com o crescimento no final do primeiro século, citado anteriormente, em 1610 surgem relatos do jesuíta Jácome Monteiro sobre a "Capitania do Espírito Santo, a qual antigamente foi mui rica, e hoje está quase desbaratada"[14]. Ao falar do Rio Doce, comenta:

> Por esse rio se vai às esmeraldas dos *Mares Verdes*, tão nomeados e nunca de todo descobertos. Havê-las é certo, e um sacerdote me disse, que a elas foi, haver naquela paragem muitas serras de cristal, dentro do qual se acham finas esmeraldas, das quais vendeu duas por bom preço; no que lhe podemos dar crédito, porque eu tenho em meu poder um pedaço de cristal, dentro do qual se iam criando uns diamantes verdes e mui fermosos ao parecer em figura piramidal. De novo, por ordem de sua Majestade, tem lá mandado no fim do ano de 609 o Governador Dom Francisco de Souza. Esperávamos cada dua resolução deste negócio por irem juntamente dous Padres nossos nesta ocasião buscar gentio àquelas partes[15].

A carta mostra que um sopro de esperança resiste entre os interessados nas minas. Nessa época, porém, muitos já haviam deixado de acreditar na existência da Serra das Esmeraldas.

---

[14] MONTEIRO, Jácome. **Relação da Província do Brasil**. Carta. 1610.
[15] ibid.

É ainda no primeiro quarto do século XVII que Vitória se torna mais uma vez alvo de corsários estrangeiros. Em 1625 o famoso Piet Pieterszoon Hein atracou próximo ao cais da cidade[16]. O holandês teria sido o responsável direto pela captura da vila de Salvador, no ano anterior. Além disso, viria a ficar famoso por capturar a Frota do Tesouro Espanhol em 1628, morrendo no ano seguinte como Tenente-Almirante da República Neerlandesa.

Apesar de toda a bravura, Piet Hein não conseguiu invadir Vitória. Como não existia ainda a Cidade Baixa – que surgiria a partir dos aterros -, os holandeses teriam que desembarcar no cais e subir a ladeira do pelourinho, hoje Escadaria Maria Ortiz, para chegar ao centro da cidade.

Eles não conseguiram fazê-lo, por causa de Maria Ortiz[17], uma jovem de pais espanhóis que morava na última casa da ladeira e que, diz a lenda, animou a resistência capixaba ao fazer o possível para bloquear a passagem dos invasores, que acabaram por recuar.

Ao tentar novo ataque ao norte da vila, o holandês acabou sendo combatido por capixabas e por reforços vindos do Rio de Janeiro a caminho da Bahia, que também sofria com os ataques estrangeiros[18].

---

[16] TEIXEIRA, 2008. p. 132.

[17] "Maria Ortiz era filha de Juan Orty Y Ortiz e Carolina Darico, chegados à capitania do Espírito Santo, em 1601, numa das imigrações promovidas por Felipe III, após a passagem de Portugal e colônias para o domínio espanhol (1581). Nasceu em Vitória em 1603, tendo falecido na vila em 1646". ELTON, Elmo. **Logradouros Antigos de Vitória**. Vitória: EDUFES, Secretaria Municipal de Cultura, 1999. p. 48.

[18] VARNHAGEN, Francisco Adolfo de. História Geral do Brasil (5 Vols). 3ª Ed. São Paulo: Companhia Melhoramentos. 1936. p. 240.

Esse seria o primeiro grande ataque do século XVII e demonstraria o interesse de personalidades importantes pela capitania. O interesse, mais uma vez, vai além dos metais preciosos que aventureiros andavam encontrando na capitania. Em 1627, a arrecadação do dízimo trienal alcançou o valor de três mil oitocentos e cinqüenta cruzados[19].

Com o interesse geral pela capitania, até os padres jesuítas começaram a se preocupar com a lendária Serra das Esmeraldas, que existiria no sertão capixaba. Com um alvará da Coroa e um incentivo de quatro mil cruzados, os jesuítas, liderados por Padre Inácio de Siqueira, iniciaram uma bandeira que iria de 1634 a 1641[20].

Como nada encontraram, realizaram mais uma entrada cinco anos depois, com o apoio de Domingos e Antônio de Azeredo, sobrinhos do antigo capitão Belchior de Azeredo, também sem resultado. Porém, nesse período, mais uma vez a capitania foi atacada por holandeses.

Dessa vez sob o comando do coronel Koin, os piratas novamente não conseguiram invadir a ilha. Com mais de cem mortos, a capitania perdeu um carregamento de açúcar que estava no porto.

Em conseqüência dos ataques constantes à capitania, o governo português, já independente da Espanha[21], procura aumentar a defesa local. Para a manutenção de novos quarenta

---

[19] TEIXEIRA, 2008. p. 136.
[20] FREIRE, 2006. p. 119.
[21] A União Ibérica, que uniu a Coroa de Portugal e Espanha após a morte do rei português D. Sebastião, que não deixou herdeiros. A união existiu entre 1580 e 1640, quando assumiu em Portugal o rei João IV.

infantes de tropa regular, foi inserida uma taxa de 160 réis sobre a aguardente e também sobre o vinho de mel[22].

Essa ação demonstra a falta de verbas do governo português para manter tropas em suas colônias sem o acréscimo de impostos locais. A grandiosidade de seu império ultramarino tornava difícil a obra de proteger os territórios de além mar de um país tão pequeno. Corroborando, há uma carta de 1661 do representante real endereçada à Câmara de Vitória, que diz que "de qualquer modo é obrigação sua suprir com a fazenda do povo os defeitos da de Sua Majestade"[23].

Os pedidos por reforços continuaram na Vila de Vitória, pois, apesar do destacamento ser fixado em quarenta soldados, como já dito, muitas vezes esse número não era alcançado. Pode-se encontrar um motivo para isso em *Formação do Brasil Contemporâneo*, de Caio Prado Júnior, onde este se refere a uma "casta numerosa de 'vadios' (...) que se torna uma das preocupações constantes das autoridades"[24].

É do mesmo ano de 1661 o Tratado de Haia, que documentava a paz entre Portugal e os Países Baixos. Os territórios conquistados pelos holandeses em terras brasileiras foram devolvidos sob a cobrança de uma indenização. Esse valor seria dividido em tributos entre as capitanias brasileiras.

Também no mesmo ano se casou D. Catarina, irmã do rei D. Afonso VI, com o rei Carlos II da Inglaterra. Seu dote, assim

---

[22] DAEMON, 1879, p. 116.
[23] Documentos Históricos, Volume V apud TEIXEIRA, 2008, p. 142.
[24] PRADO JÚNIOR, Caio. Formação do Brasil Contemporâneo. São Paulo: Brasiliense. 2007. p. 283

como a indenização da paz de Holanda, foi pago em parte pela colônia brasileira, fonte de renda de Portugal. A cobrança era de 120 mil cruzados pela paz e 20 mil pelo dote, durante 16 anos.

A divisão dos impostos entre as capitanias hereditárias não foi igualitária, mas de acordo com a capacidade de cada uma de arrecadar tributos[25]. Assim podemos ver a importância delas dentro do território brasileiro. Enquanto a Bahia, sede do Governo Geral, pagava o tributo de 80 mil cruzados, o Rio de Janeiro pagava 26 mil e Pernambuco 25 mil.

À Capitania do Espírito Santo foi designado o tributo de mil cruzados, valor próximo ao cobrado nas capitanias de Porto Seguro e Ilhéus. Apesar desse tipo de cobrança colaborar com o desacelerado crescimento da capitania, há relatos de que a cobrança continuou a ser realizada após os 16 anos determinados, e teria ainda surgido em 1830 no orçamento do império brasileiro[26].

A segunda metade do século XVII traz mais bandeiras ao interior do Espírito Santo. João Corrêa de Sá, Duarte Corrêa, Agostinho Barbalho Bezerra, Antônio e Domingos de Azeredo estão entre os nomes que voltaram sem maiores resultados em suas buscas.

O período, porém, demonstra o grande interesse pela proteção da capitania. Já então se preocupava com a precariedade da defesa capixaba. Ao analisarmos os títulos dos documentos relacionados à Capitania do Espírito Santo apresentados pelo Catálogo de Documentos Manuscritos e Avulsos da Capitania do Espírito Santo[27], percebemos que, nos primeiros 99 documentos –

---

25 TEIXEIRA, 2008 p.150.
26 VARNHAGEN, 1936, p. 264.

que vão de 1585 a 1699 – 28 estão relacionados diretamente ou à busca das minas no interior da capitania ou à proteção desta.

Da mesma maneira, o rendimento da capitania era considerado bastante diminuto pelas autoridades e ela era constantemente atingida pelas pestes, principalmente de varíola. Algumas vezes o capitão se via obrigado a fazer a população pagar os gastos do governo, que não arrecadava o suficiente para cobrir suas despesas.

José Teixeira de Oliveira acredita que o baixo rendimento local se dava pela falta da presença do donatário. De acordo com o autor,

> "a presença dos donatários no senhorio coincide com promissor alento de todas as atividades humanas. Constroem-se novos engenhos, movimentam-se expedições em busca das minas, o comércio se anima. Governada a terra pelos capitães-mores, surgem as rusgas, o tráfico decai, o marasmo domina a tudo e a todos"28.

Enquanto isso, os próprios jesuítas encontravam tempo, entre suas obrigações nas missões e catequeses, de realizar bandeiras em busca de ouro. "Faziam de vez em quando entradas à Serra, e mais além, até Minas Gerais pelo Rio Doce, descendo

---

27 Catálogo de Documentos Manuscritos e Avulsos da Capitania do Espírito Santo: 1585-1820. João Eurípedes Franklin Leal (Org.) 2ª ed. Vitória: Arquivo Público Estadual. 2000. p.13-31.
28 TEIXEIRA, 2008. p. 161.

índios para a catequese, e também com fim expresso de descobrimento, como as expedições às esmeraldas"[29].

---

[29] LEITE, Serafim. **História da Companhia de Jesus no Brasil**. Vol. 6. Rio de Janeiro: Imprensa Nacional. 1938-50 p. 144.

# DESCOBERTAS E AÇÕES

As esmeraldas não eram esquecidas com o passar dos anos e mais algumas minas são encontradas durante o governo de Antônio Mendes de Figueiredo (1667-1671). A descoberta, entretanto, não repercutiu, provavelmente devido ao baixo valor ou à pouca quantidade, e o governo geral não desistiu, incentivando seu sucessor a continuar as buscas.

O sucessor, José Gonçalves de Oliveira, também nada conseguiu e foi durante o governo seguinte que a Capitania do Espírito Santo foi vendida. Era o fim da linhagem de descendentes de Vasco Fernandes Coutinho, que perdurou por 140 anos.

# DE FRANCISCO GIL DE ARAÚJO

O comprador era Francisco Gil de Araújo, um dos personagens mais importantes da história do Espírito Santo, sendo o responsável por diversos trabalhos na capitania e inúmeras bandeiras em busca de ouro. Baiano, lutou na defesa de sua capitania contra a invasão holandesa comandada por Nassau. Além disso, foi juiz da Câmara da Bahia, onde ajudou na manutenção da infantaria local.

O valor pago pela capitania foi de 40 mil cruzados. Procurando identificar se o valor pago pelo novo donatário era alto, Mário Aristides Freire estudou algumas análises de valores da época:

> "Pouco antes, escrevera o padre Antônio Vieira, a respeito do que vira no Pará: 'Tudo quanto há na capitania do Pará, tirando as terras, não vale dez mil cruzados, como é notório'. Anos depois, afirmava o arcebispo da Bahia (...): 'Toda a capitania de Ilhéus não vale, vendida, o que Vossa mercê quer que se lhe dê para livrá-la dos tapuias'. [O interessado] oferecera ao arcebispo cinco mil cruzados"[30].

Entre as realizações de Francisco Gil de Araújo, que chegou no Espírito Santo apenas em 1678, constam, por exemplo, a construção do Forte Nossa Senhora do Monte do Carmo, que estaria apenas em alicerces na época de sua chegada. Ele reedificou o forte São João, que, segundo carta sua, se encontrava em ruínas, conseguindo nova artilharia para ele.

Teria fundado o Forte S. Francisco Xavier, apesar desse já existir durante o ataque de Cavendish em 1582 e provavelmente ter sido fundado por Vasco Fernandes Coutinho. Gil de Araújo aumentou o contingente de 17 soldados e dois artilheiros para 33 soldados e seis artilheiros e trouxe da Bahia colonos para povoar terras desocupadas na capitania, que mantinha suas povoações no litoral, sem ousar criar fazendas no sertão, onde os índios atacavam constantemente.

---

[30] FREIRE, 2006. p. 146.

[

Conseguiu aumentar o dízimo de 1:468$000 para 1:804$000 e quitou a dívida com os tributos da Paz de Holanda e do dote, lembrando que esses tributos deveriam durar apenas dezesseis anos e, em 1678, já completavam 17, comprovando o atraso. Além disso, edificou a Vila da Conceição (Guarapari)[31] e reformou alguns templos e a Câmara de Vitória.

Com essas reformas, o donatário teria gastado 12 mil cruzados. Essa também é a quantia investida em apenas duas de suas 14 entradas para o interior em busca de metais preciosos. Isso em apenas quatro anos.

Para conseguir o direito aos favores concedidos à busca pelas esmeraldas, então dados ao capitão-mor José Gonçalves de Oliveira, o donatário protestou diante do Governo Geral[32].

O capitão-mor havia recebido as ordens de se informar com os conhecedores do sertão antes de realizar a bandeira. O interesse era tanto que o próprio José Gonçalves de Oliveira se dispôs a integrar a comitiva[33]. Assim, foi nomeado Capitão-mor da entrada e descobrimento das esmeraldas.

Após o protesto, o donatário recebeu os benefícios das bandeiras – ajudas em caso de necessidade – e lhe foi garantida a requisição de índios nas capitanias próximas.

Gil de Araújo é o melhor exemplo do valor que era dado à Capitania do Espírito Santo então. As possibilidades de bandeiras

---

[31] Imformação que dou a V. S. do estado em que fica esta capitania no breve tempo que nella assistio. In LAMEGO, Alberto. **A Terra Goytacá: À Luz de Documentos Inéditos**. Bruxelles: Paris: L'Édition D'art Gaudio, 1920. 1º Vol. p. 148-151.
[32] TEIXEIRA, 2008, p. 169.
[33] FREIRE, 2006, p. 152.

e os constantes desejos de encontrar as sonhadas minas do sertão levaram a gastos bastante altos por parte do baiano.

Seu empenho em fazer de suas novas terras um local adequado para sediar as futuras descobertas permitiu que a capitania tivesse quatro anos de desenvolvimento (1678-1682) pleno, com novas construções e reformas de antigos edifícios, além da fundação de cidades.

Conhecido como um bom administrador na capitania que habitava anteriormente, fez no Espírito Santo um bom trabalho até seu retorno à Bahia, aonde viria a morrer três anos depois, em 1685[34].

Não se sabe ao certo o motivo para ter deixado a capitania que comprou. Sendo por questões de saúde ou por decepção da falta de retorno em seus investimentos nas buscas pelas esmeraldas, ele deixou a capitania a seu filho, Manuel Garcia Pimentel. Este nunca a visitou e continuou morando na Bahia, onde possuía muitas terras, deixando a administração do Espírito Santo nas mãos do capitão-mor Manuel de Morais.

Sucedido em 1687, deu lugar a Manoel Peixoto da Mota, que viajou ao Espírito Santo mesmo sem ordem do Governador Geral, Matias da Cunha, o que levou à sua prisão, sendo liberado posteriormente para assumir o cargo.

No ano de 1692, a capitania foi mais uma vez visitada por piratas estrangeiros. Sem qualquer reação capixaba, um emissário desembarcou e esteve com o capitão-mor, Velasco Molina.

As fortificações, dizem os documentos da época, se encontravam desprovidos de munição[35], o que já demonstra certo

---

[34] DAEMON, 1879, p. 124.

abandono após o dispendioso trabalho de Francisco Gil de Araújo na defesa da Capitania. Foram enviadas remessas urgentes de pólvora da Bahia para a reativação dos fortes capixabas.

Mesmo com o donatário distante, os capitães-mores continuavam atuando em seu lugar e as entradas e bandeiras em busca de ouro não foram interrompidas em momento algum.

> "Toda a Colônia luso-americana vivia, então, dias agitados. As *bandeiras* partiam umas após outras. Cada navio que zarpava em direção ao Reino levava amostras de novas pedras achadas no sertão e promessas – muitas promessas – de próximos e sensacionais descobrimentos. (...) A Coroa e seus delegados no Brasil souberam aproveitar o momento excepcional, juntando ao aceno das grandes riquezas – que vinha das brenhas sertanejas – promessas de mercês, títulos de fidalguia..."[36]

E foi nesse período de buscas constantes e grandes promessas, com o incentivo da Coroa portuguesa, que ocorreu a primeira grande descoberta de ouro na Capitania do Espírito Santo.

---

[35] TEIXEIRA, 2008, p.177.
[36] Ibid, p. 175.

# DA DESCOBERTA

O ano era o de 1693. Antônio Rodrigues Arzão vinha apressado pelo sertão capixaba em direção à Vila de Vitória, acompanhado dos cerca de 50 homens que sobreviveram à bandeira. Tinha passado por grandes dificuldades no interior da capitania e a situação não melhorara muito ao aproximar-se do litoral.

Filho de um minerador flamengo que foi trazido para o Brasil, provavelmente gozava de uma vida tranqüila. Seu pai, Cornélio de Arzão, veio para o Brasil com o alto salário anual de 500 cruzados e se estabeleceu em São Paulo no final do século XVI[37].

Agora, porém, Antônio era perseguido por nativos. Esses não toleravam invasões em seus territórios. Conhecidos como aimorés ou botocudos[38], atormentavam a população do Espírito Santo e de outras regiões do país desde os primeiros anos da chegada dos portugueses em terras brasileiras.

---

[37] TAUNAY, Afonso de E. **Relatos Sertanistas Vol. VII.** Biblioteca Histórica Paulista. São Paulo: Livraria Martins Editora S.A. 1953. p. 21.

[38] "O nome botocudo, como se sabe, deriva do uso, pelos membros da tribo de botoques (uma espécie de enfeite com a forma de um pires preso ao lábio inferior). (...) no século XVI, eram famosos como "salteadores" de roças dos neobrasileiros (...) Os botocudos sempre foram vizinhos temidos. Antes do descobrimento do Brasil, haviam os botocudos desalojado os tupiniquins de seus territórios, ao sul da Bahia." SÉCULO Diário. **Os Verdadeiros Donos da Terra.** Disponível em: http://www.seculodiario.com/etnias/indios/index03.htm. Acesso em: 22 de setembro de 2008.

O bandeirante carregava consigo três oitavas de ouro[39] que havia retirado provavelmente das proximidades da Casa de Casca, então região espírito-santense[40]. Esse não era o primeiro ouro a ser encontrado no Brasil e ele sabia muito bem. Vinha das regiões de São Paulo, Curitiba e Paranaguá, onde o precioso metal já havia sido encontrado. Mas, viria a ser o primeiro da região das Minas Gerais, de onde seriam retiradas oficialmente, durante o século XVIII, 644 toneladas de ouro[41].

Perseguido pelos nativos desde a garimpagem, Arzão segue o caminho para a vila mais próxima e chega a Vitória sem mantimentos nem munição. Ali, segundo a tradição, ele e seus acompanhantes recebem o socorro da população e dos representantes. Após a devida recuperação, patenteou o ouro e o dividiu em dois: uma parte ficaria para ele, enquanto a outra iria para o capitão-mor.

Insistente, quis retornar para o interior da capitania e garimpar o ouro da Casa de Casca, o qual havia abandonado devido aos ataques constantes. Entretanto, não recebeu o apoio do

---

[39] A Oitava é uma unidade de medida de valor próximo a 3,5 gramas. Representa a oitava parte da Onça, sendo essa equivalente a cerca de 29g. No século XIX, a Oitava tinha o valor de 1.200 réis. HOUAISS A. **Dicionário Eletrônico Houaiss da Língua Portuguesa**. Versão 2.0a – Abril de 2007.

[40] A Freguesia de Santa Ana e Senhora do Rosário da Casa da Casca é hoje o município de Abre-Campo, no estado de Minas Gerais. A região pertenceu ao estado do Espírito Santo até a primeira década do século XVIII.

[41] CORREIO Brasiliense. **A Idade do Ouro**. Disponível em: http://www2.correioweb.com.br/hotsites/500anos/idade-ouro/27-06-99-1.htm. Acesso em: 22 de setembro de 2008. As estimativas variam e algumas demonstram que o ouro extraído no Brasil correspondeu, nesse período, a 50% da produção mundial do metal.

número de pessoas necessário para desbravar o sertão e lutar contra os índios. Assim, viu-se forçado a viajar pelo mar para o Rio de Janeiro e de lá para São Paulo.

Como logo adoeceu, encarregou o cunhado, Bartolomeu Bueno, de voltar ao local para extrair o ouro. Acompanhado de Miguel de Almeida, Antônio de Almeida e outros, Bueno iniciou a bandeira pelo sertão paulista em direção ao Norte.

Iniciada sua viagem em 1697, não alcançou a região da Casa de Casca, tendo encontrado ouro na atual região de Itaverava[42], cidade mineira que na época fazia parte do território capixaba. Seu nome significa, na língua nativa, Pedra Luzente.

Aí encontraram ouro em quantidade suficiente para que os fizessem chamar suas famílias a mudarem para a região, para iniciar a extração do metal. Alguns exemplares do ouro retirado de Itaverava chegaram nas mãos de Carlos Pedroso da Silveira, que os levou ao Rio de Janeiro, conseguindo assim o cargo de capitão-mor de Taubaté.

Os familiares de Bartolomeu Bueno e seus companheiros logo foram para as minas, e a novidade atraiu outros moradores tanto de Taubaté como de outras vilas, que também se dirigiram para a região das novas descobertas.

A história das primeiras descobertas continua muito bem escrita em *Relatos Sertanistas*, de Afonso de E. Taunay[43]. Passando pelas casas de fundição e pelo descobrimento do ouro preto, fazendo surgir Vila Rica, o autor narra o surgimento das minas gerais no interior do Espírito Santo.

---

[42] TAUNAY, 1953, p. 23.
[43] Ibid, p. 24.

# DAS PRIMEIRAS ATITUDES

O descobrimento das primeiras grandes minas no interior capixaba mudaria completamente a economia brasileira. Durante todo o século XVIII, Portugal viveria um período de extração do metal precioso em terras brasileiras e transferência desse ouro para a Metrópole.

Entretanto, o início trouxe diversos problemas para a administração do Espírito Santo e da Coroa. O território das descobertas se encontrava tão distante do litoral que, apesar de pertencer à capitania espírito-santense, não garantia a autoridade do donatário, por estar em uma região vulnerável a diversas outras capitanias, como as de São Paulo, Rio de Janeiro e Bahia.

Assim, sem controle algum sobre as novas descobertas em seu território, o donatário Manuel Garcia Pimentel e o rei português D. Pedro II[44] viram milhares de imigrantes descerem dos navios que atracavam no litoral brasileiro se dirigirem diretamente para a região das minas.

> Cada ano vem nas frotas quantidade de portugueses, e de estrangeiros, para passarem às minas. Das cidades, vilas, recôncavos, e sertões do Brasil vão brancos, pardos, e pretos, e muitos índios de que os paulistas se servem. A mistura é de toda a condição

---

[44] O rei D. Pedro II de Portugal não é o mesmo D Pedro II, segundo e último imperador do Brasil, por serem de coroas diferentes. O primeiro imperador do Brasil, D. Pedro I, ao retornar a Portugal e reaver sua coroa, assume o título de D. Pedro IV.

> de pessoas: homens e mulheres; moços e velhos;
> pobres e ricos; nobres e plebeus; seculares, clérigos,
> e religiosos de diversos institutos, muitos dos quais
> não têm no Brasil convento nem casa.[45]

Assim, povoasse parte do interior do Brasil em poucos anos. Se precavendo de um possível despovoamento de Portugal, a Coroa assinou uma lei, em 20 de março de 1720, proibindo a emigração para terras brasileiras.

Antes disso, ainda em 1702, o Governador Geral envia Francisco Ribeiro Miranda, capitão-mor do Espírito Santo – pois o donatário não se encontrava na capitania -, para a região das minas junto com o provedor da capitania. Ele teria enviado cunhos de ferro para que fosse feita a cunhagem das barras de ouro que fossem feitas enquanto estivessem lá.

A situação se mostrava então favorável à Capitania do Espírito Santo, que assumia o controle da produção aurífera inicial. As minas capixabas foram inclusive separadas das minas de São Paulo, para serem administradas pelos políticos locais sem se misturar.

O controle capixaba, entretanto, não durou muito tempo. O ano que marca a reviravolta é 1704, pois foi nesse ano que surgiram ordens vindas no Governador Geral do Brasil para que todas as pessoas que se encontravam na região das minas gerais se recolhessem na Vila de Vitória. A explicação era simples: nações estrangeiras ameaçavam invadir o Brasil[46]. Estava iniciado o

---

[45] ANTONIL, André João. **Cultura e Opulência do Brasil por suas Drogas e Minas**. Comp. Melhoramentos de São Paulo, 1976.
[46] SANTOS, Estilaque Ferreira. **"Todo o Bem que a Velha Tem": O Brasil no

processo que culminaria na formação de Minas Gerais e privaria o Espírito Santo de usufruir diretamente de qualquer benefício que seu antigo território poderia lhe trazer.

A preocupação surgiu poucos anos depois de estourar a Guerra de Sucessão Espanhola (1702-1714), que dividiu França e Inglaterra, que defendiam o trono espanhol (a Inglaterra apoiava o candidato austríaco), em dois grupos que envolveram grande parte das potências européias da época.

Portugal, depois de fazer uma aliança inicial com a Espanha e a França, países próximos de suas fronteiras, cedeu à pressão inglesa e ao medo de perder suas colônias, unindo-se à Holanda e à Áustria no bloco britânico[47].

A veracidade das informações sobre a possibilidade de invasões não é questionável, pois descobertas como a de grandes quantidades de ouro soaram pela Europa como um chamado não só dentro em Portugal, mas também nos países envolvidos na guerra. A questão, entretanto, envolvia não só questões internacionais, mas principalmente a política colonial.

Dois anos antes da decisão citada, o governo geral contestava interferências da capitania do Rio de Janeiro na administração da região de mineração. Se Artur de Sá e Menezes, donatário do Rio de Janeiro, proibiu a ida de seus mestres e oficiais de engenhos para o interior do Espírito Santo, ele mesmo não ficou em sua capitania, voltando de lá rico e com honras de capitão-general.

---

**Pensamento Diplomático Português do Séc. XVIII**. Vitória: UFES-PPGHis, 2005. p.14.
[47] Ibid. p. 13.

Revertendo a posição do Governo Geral, o donatário conseguiu concentrar em sua capitania as estradas que iam do Sul para o local das minerações[48], garantindo assim a influência carioca na região, que seguiu com os governantes que o substituíram.

Enquanto isso, no Espírito Santo, a Fortaleza de São Francisco Xavier, que ficava na entrada da Vila de Vitória, foi refeita, seguida da Fortaleza de Nossa Senhora do Carmo[49]. O objetivo era aumentar a proteção no local. Seguindo essa idéia estava a proibição de abertura de estradas para o interior.

Como o ouro não era encontrado em grande quantidade no sertão que separava o litoral das minas, essa área foi inutilizada pela coroa. Recebendo o explicativo nome de *Áreas Proibidas*, essa região foi alvo, mesmo passando por cima das ordens reais, de diversos aventureiros. Foi assim que descobriram, por exemplo, as minas de Castelo, no sul capixaba.

Esse processo, como foi chamado anteriormente o conjunto de acontecimentos que culminaram na formação de Minas Gerais, se desenvolveu principalmente entre 1704 e 1709. Durante esses cinco anos, a Coroa deu ordens para proibir e punir os que ousassem se arriscar nas Áreas Proibidas.

Nada disso foi capaz de trazer ao Espírito Santo o donatário Manuel Garcia Pimentel. O sucessor de Francisco Gil de Araújo possuía uma sesmaria na Bahia e lá vivia, deixando a capitania aos cuidados dos capitães-mores.

O Espírito Santo entrou em uma fase de dificuldades de administração, pois tudo estava voltado para as minas: as atenções

---

[48] FREIRE, 2006, p. 160.
[49] LEAL, 1977, p. 28.

política, econômica e social. Mesmo com todas as ameaças da Coroa portuguesa e dos supostos piratas, o número de soldados havia diminuído.

Grande parte dos escravos do litoral foi vendida para as minas, onde o trabalho intenso era necessário. Com a falta, não havia escravos para suprir a demanda local, que exigiu do governo pedir aos jesuítas alguns índios para trabalhar, resultando em queixas dos religiosos.

A diminuição dos trabalhadores resultou uma crise de alimentação não só nas vilas capixabas como também no que viria a se tornar Minas Gerais[50]. Como perdurou até o século XIX, a região não era cultivada, apenas explorada. A economia que ali viria a existir era a de criação de gado, e não agricultora.

Como se não bastassem as dificuldades econômicas, há informações sobre quilombos que se formaram no Espírito Santo nesse período. O dinheiro gasto para poder desativá-lo foi em grande quantia, reduzindo a receita capixaba assim como o tributo da Paz de Holanda, ainda cobrada às capitanias, que chegou a 2:420$000 em 1705[51].

Todas essas dificuldades, inclusive as interferências cariocas na administração de território espírito-santense, assim como as dificuldades em controlar o território, explícitas com a Guerra dos Emboabas, levaram ao ponto crucial, que é a formação da Capitania de São Paulo e Minas de Ouro em três de novembro de 1709.

---

[50] OLIVEIRA, 2008, p. 190.
[51] Ibid, p. 191.

# DA FORMAÇÃO DAS MINAS GERAIS

A guerra dos Emboadas (1707-1709) que ocorreu entre alguns bandeirantes paulistas, que habitavam a região aurífera, e imigrantes portugueses e de outras nacionalidades que para ali estavam se dirigindo, em busca de riquezas.

A luta, que ocorreu pelo controle da ocupação do local, resultou na criação da nova capitania – que apenas em 1720 foi dividida, criando definitivamente a Capitania das Minas Gerais -, controlada pela Coroa portuguesa, permitindo maior controle sobre a região.

A partir da regulamentação e distribuição de lavras para os mineradores e também da migração de grande número de paulistas, esses viriam a ocupar novas regiões, como Mato Grosso, Mato Grosso do Sul e Goiás, onde seriam encontradas novas minas de ouro.

Nos próximos anos, Minas Gerais se tornaria a mais importante posse de Portugal, chegando a ser chamada de "todo o bem que a velha tem"[52].

> A região de Minas Gerais entrou para a história como a maior quantidade de ouro descoberta no mundo, extraída no menor espaço de tempo. Ao longo do século XVIII, a produção brasileira superou o volume total do ouro que a Espanha tinha extraído de suas colônias durante os dois séculos anteriores. O Brasil tinha 300 mil habitantes em

---

[52] SANTOS, 2005, p. 25.

1700; um século depois, no final dos anos do ouro a população tinha-se multiplicado onze vezes.

Conforme, [Celso] Furtado [**Formacion Econômica Del Brasil**. México: 1959] 'aproximadamente 300 mil portugueses emigraram para o Brasil durante o século XVIII um contingente maior de população... mais do que a Espanha levou a todas suas colônias da América'.[53]

A partir de então, o Espírito Santo se torna uma verdadeira barreira militar. Durante o século XVIII. Exercícios militares para a proteção da Vila de Vitória foram realizados com a população, especialmente depois da tentativa de invasão francesa no Rio de Janeiro. Jean-François Duclerc e seus 1200 homens foram derrotados por forças cariocas, que já estavam cientes de sua vinda.

Como todas as atitudes tomadas na capitania vinham dos capitães-mores, a Coroa portuguesa decide comprar o Espírito Santo de Cosme Rolim de Moura, então donatário.

A compra foi feita para "evitar por este modo as controvérsias que havia com os donatários, e ficarem os povos bem regidos, e melhor defendidos"[54], sendo realizada em 1718. A

---

[53] ARQUITETURA, Universidade de Franca. **Viagem as Cidades Históricas Mineiras.** Disponível em: http://www.unifran.br/blog/arquitetura/?action=d3d31446a793743680c65 030e6a43434d3d366b30a819d87&post=d3d376e4871445d4ad17548acd78 3acb5c3cb531513ce1bf&area=3394a6d4d1a71253be1324e8d11e39c0ba45f 7b5. Acesso em: 22/09/2008.

[54] Revista do Instituto Histórico e Geográfico Brasileiro. Rio de Janeiro, Vol XXV. p. 235.

compra, não por acaso, foi dada no mesmo valor que Francisco Gil de Araújo pagou para tê-la para si, quarenta mil cruzados.

A militarização se intensificou a partir de então, com treinamentos com armas de fogo e exercícios todos os meses. Além disso, os capixabas deixaram de ser convocados para fazer parte das tropas nacionais, evitando a diminuição das tropas locais.

Como se não bastasse, foram alistados todos os homens, incluindo pardos forros, capazes de usar armas de fogo e foi garantido que todos os soldados possuíam espingardas[55].

Diversos envios de armamentos e munições ocorrem com o passar do século. Porém, mesmo assim, em relatório de 1724, os fortes de Vitória se encontravam em decadência.

> Fortaleza da Barra de São Francisco Xavier: em forma de círculo, situada na barra da Baía do Espírito Santo, possuindo nove peças de artilharia, sendo uma de calibre 16 e as restantes de calibre oito, havia mais duas pzzzzzzzzzzzzzzzzzzeças desmontadas e a murada estava bastante danificada.
>
> Fortaleza de São João: em forma semi-sextavada irregular, situada em frente ao Pão de Açúcar (hoje Penedo), sua artilharia estava desmontada e compunha-se de seis peças de calibre 12 e uma de calibre 16[56].

---

[55] OLIVEIRA, 2008, p. 198.
[56] LEAL, João Eurípedes Franklin. **As Fortificações do Espírito Santo no Século XVIII**. In **Revista de Cultura da UFES**. Vitória: Fundação Ceciliano Abel de Almeida, v.5, n.14, out/nov; 1980. p. 28.

Estando os dois principais fortes desmontados e danificados – ambos eram responsáveis pela proteção da entrada da baía da Vila – as outras fortificações as seguiam: A Fortaleza de Nossa Senhora da Vitória, que ficava acima do forte São João; o Fortim de São Tiago, em uma praia da vila; a Fortaleza de Nossa Senhora do Carmo, na antiga marinha; e o Reduto Santo Inácio. Todas se encontravam com a artilharia quase completamente desmontada, o que significava que não havia proteção alguma contra possíveis invasores.

O relatório enviado à Coroa surtiu efeito e em 1726 é enviado ao Espírito Santo o engenheiro Sargento-Mor Nicolau de Abreu Carvalho, responsável pelas obras de reparo nas fortificações que protegiam Vitória.

Vitória viria a possuir, quatro anos depois, cerca de mil habitantes, com um dízimo baixo, de 2:500$000 réis. Esse valor, que resume toda a arrecadação anual da capitania, se aproxima do valor de apenas a Paz de Holanda, que como vimos, era de 2:400$000 em 1705.

A partir de então, a queda na arrecadação se acentuou, chegando a 933$000 em 1749. Era o reflexo das proibições realizadas pela Coroa, que impedia até a exportação de produtos como o algodão[57].

A situação da capitania se tornou ainda pior com a expulsão dos jesuítas de todos os domínios portugueses em 1759. A lei, fruto da administração do Marquês de Pombal, fez com que todas as posses jesuítas fossem abandonadas e passassem a ser da Coroa.

---

[57] LEAL, 1977.

Os indígenas que habitavam as fazendas, missões e aldeamentos desses religiosos, não se renderam à administração dos leigos e religiosos seculares que ocuparam o lugar da Companhia de Jesus e muitos abandonaram as residêndias.

A partir disso, as fazendas de Muribeca, Araçativa e Itapoca, que "eram as mais organizadas e produtivas do Espírito Santo, caíram em completo abandono"[58]. Era o ponto mais baixo da economia capixaba no século XVIII, pois a partir de 1770 iniciasse o comércio marítimo entre a capitania capixaba e o Rio de Janeiro, Bahia e pontos comerciais de menor tamanho.

# DAS MINAS DE CASTELO E DE OUTRAS ENTRADAS

Inúmeras foram as tentativas de realizar entradas do litoral para o interior durante o século XVIII, fazendo com que não fosse a toa os decretos e ordens vindos da Metrópole exigindo o abandono imediato de qualquer caminho que estivesse sendo trabalhado nessas áreas.

Dessa maneira, a Capitania do Espírito Santo estava fadada a continuar limitada nas vilas do litoral e ver seus sertões continuarem ocupados por tribos nativas, que constantemente atacavam fazendas ou vilarejos.

Pedro Bueno Cacunda é quem encontra as minas de Castelo, ainda na primeira década do século XVIII, que já possuía

---

[58] Ibid.

esse nome nas serras do sul capixaba. O capitão-mor da época, Francisco de Albuquerque Teles, ficou conhecido por se associar ao aventureiro Cacunda, apoiando pesquisas sobre ouro e sobre possíveis estradas para Minas Gerais[59].

Tanto o capitão quanto Cacunda foram duramente reprimidos pelo Governador Geral do Brasil, a fim de interromperem qualquer trabalho que estivessem realizando no interior do território. É difícil responder, quanto a esse assunto, se não há aqui interesse da própria Coroa em explorar o local. O que se sabe é que, mesmo com apoio real posterior, essas minas foram abandonadas.

Cacunda veio para o Espírito Santo em 1705, onde comprou terras e construiu uma casa com objetivos de seguir as antigas explorações que haviam sido realizadas por Bartolomeu Bueno, Manuel de Camargos e Estêvão Barbosa próximas à região de Castelo.

Construiu sua habitação ali para que pudesse partir em direção às regiões onde se havia encontrado ouro anteriormente. Ao ser reprimido, enviou uma carta ao próprio Rei português em 1735, onde explicava toda a sua história, informando suas descobertas e também que as havia interrompido por causa de ordens superiores[60]. Seu objetivo conseguir o apoio do Rei para a exploração das minas, o que não acontece.

Já o capitão-mor, recebeu uma carta do Governador Geral que o ameaçava:

---

[59] OLIVEIRA, 2008, p. 192.
[60] ALMEIDA, Eduardo de Castro e. **Inventário dos Documentos Relativos ao Brasil Existentes no Arquivo de Marinha e Ultramar de Lisboa**. Rio de Janeiro, 1913-1936. Vol VII, p.199.

É lastimosa cousa que quando Vossa Mercê se devia só empregar em solicitar por todos os meios possíveis a defesa dessa praça pela estar governando só procure os da sua conveniência sem a menor atenção a outro algum respeito não reparando nas danosas conseqüências que se podem seguir a essa capitania e a seus moradores não só em o dividir com tal descobrimento senão também os ocupar no que intenta fazer de novo caminho para as Minas Gerais Vossa Mercê indo-se com Pedro Bueno para esse fim. De um e outro intento despersuado Vossa Mercê de maneira que nem pela memória lhe passe, e logo que receber esta carta mandará lançar o bando que com ela vai, o qual hão inviolavelmente de executar ficando advertido que hei de mandar desta praça que examine os procedimentos com que Vossa Mercê se tem havido tanto em dano do serviço de sua Majestade, e que achando ser o que geralmente me têm segurado muitas pessoas de toda a suposição o hei de mandar vir preso e remeter da mesma sorte para Lisboa com as culpas que tiver para que se lhe dê o castigo que delas merecer e fique servindo de exemplo aos mais Capitães-mores das Capitanias deste Estado[61].

Ao capitão-mor seguinte, novas reprimendas são enviadas exigindo a prisão de qualquer um que estivesse abrindo caminhos

---

[61] Documentos Históricos, Volume LXX, p. 78-79 apud TEIXEIRA, 2008, p. 192-193.

proibidos pela Coroa, pedindo que toda a energia do governante fosse dedicada a esse caso.

Castas de 1718 indicam que a proibição estava realmente focada na falta de defesa da capitania. As ordens eram observar a exploração de Pedro Bueno na região de Castelo para saber se realmente encontrara ouro e impedir que novas estradas e caminhos fossem abertos antes que se fortificasse o Espírito Santo[62].

Novamente em relação à carta de Cacunda, ficamos sabendo que ele foi capaz de manter sua exploração, mesmo com a vigilância da Coroa e pretendia oficializar a extração de ouro em Castelo, chegando a pedir a superintendência das minas e tropas para a proteção contra os nativos.

Castelo chegou a abrigar mais de 200 pessoas, inclusive um minerador padre, de nome Antônio Dias Carneiro, que para lá tinha ido com 20 escravos. A verdade é que ouro foi encontrado em diversos lugares nas proximidades do povoamento iniciado por Cacunda.

Na segunda metade do século XVIII, foram estabelecidas as minas do Castelo pelo ouvidor do Espírito Santo, cargo criado em 1732. Apesar de provocar revoltas dos políticos baianos, a atitude foi apoiada pelo Rio de Janeiro e, em seguida, pelo próprio Rei. Com o objetivo de aumentar a produção aurífera brasileira, a Metrópole deu permissão ao governador carioca para abrir estrada de São Salvador de Campos até as minas, iniciando ali a quintação do ouro.

Nesse período, foram criadas duas novas vilas no Espírito Santo, o que simboliza o seu crescimento populacional. Elas são

---

[62] Documentos Históricos, Volume LIX, p. 53 apud TEIXEIRA, 2008, p. 198.

Nova Almeida e Iriritiba, ambas de origem jesuíticas. As datas de fundação são 1758 e 1759 respectivamente[63].

Apesar da prova do bom trabalho da Companhia de Cristo, em 1760 os jesuítas são expulsos do Espírito Santo. Como vimos, a desocupação de suas grandes fazendas por parte dos indígenas diminuiu a produção alimentícia capixaba profundamente.

Para acompanhar as dificuldades e contrastar com o reinício do comércio marítimo entre o Espírito Santo e outras regiões, no ano de 1771 as minas de Castelo são invadidas por índios puris.

A região foi então abandonada pelos que sobreviveram ao ataque, que dali migraram em direção ao litoral pelo Rio Itapemirim, onde iniciaram uma nova povoação – a Vila de Itapemirim – e formaram fazendas que complementariam a produção capixaba dos próximos anos.

Apesar de novas bandeiras continuarem sendo realizadas por todo o Espírito Santo, nenhuma outra mina bastante produtiva foi encontrada. As estradas continuavam proibidas, entretanto, e o Espírito Santo continuaria separado das Minas Gerais até o início do século XIX, quando a produção aurífera mineira já havia diminuído drasticamente e a necessidade de controlar melhor o contrabando surgia como a única maneira de manter alguma produção.

---

[63] OLIVEIRA, 2008, p. 222.

# O ESPÍRITO SANTO NO SÉCULO XIX

O início do século XIX foi marcado pelo fim das grandes minerações. O ofício, que vinha declinando desde meados do século anterior, havia se tornado um trabalho de faiscadores e a produção anual era muito baixa. A produção havia caído de 118 arrobas[64], em 1754, para apenas 35 arrobas em 1804[65]. As descobertas, antigamente sucessivas, já não aconteciam mais.

No ano de 1814, afirma Caio Prado Júnior, nas 555 lavras existentes na região trabalhavam 6.662 pessoas – das quais 6.493 eram escravos. O número de faiscadores se aproximava muito: 5.747 e entre eles apenas 1.871 escravos[66].

A mineração não havia passado, entre os brasileiros, de uma aventura passageira, onde se estava sempre trocando de lugar e agora muitos brasileiros sobreviviam da miséria da faiscação. A destruição dos recursos naturais foi imensa e o aspecto de ruína dominava a região das Minas Gerais.

Em São Paulo, local onde se iniciaram as descobertas, não se minerava há muito tempo. Outras capitanias como Bahia e Rio de Janeiro estavam na mesma situação. Os outros locais de grande

---

[64] A arroba é uma medida de massa equivalente a 11,5kg. Quando utilizado para pesar animais, como porcos e gado, chega a 15kg.
[65] PRADO JÚNIOR, 2007. p. 177.
[66] Ibid. p. 173.

produção, como Mato Grosso e Goiás, assim como Minas Gerais, estavam em decadência.

Em relação ao Espírito Santo, foram buscadas informações em diversos documentos coloniais, tanto do final do século XVIII como do início do século XIX. O mais antigo deles é uma carta de 1790 do Capitão-mor Ignácio João Mongiardino ao governador da Bahia, capitania à qual o Espírito Santo esteve submetido de 1721 a 1812[67].

Há duas memórias estatísticas da Província do Espírito Santo, escritas por Francisco Alberto Rubim, em 1817, e por Inácio Acioli de Vasconcelos, em 1828. Ambos governaram a Província, o segundo já no período monárquico. São estudadas também duas cartas – de 1812 e 1819 – de D. José Caetano da Silva Coutinho, bispo do Rio de Janeiro, brasileiro que chegou a ser deputado e senador do Império nos anos seguintes.

Os outros três documentos são: uma descrição da Província, escrita em 1816 por Tomás Antônio da Vila Nova Portugal, um importante político português que chegou a reunir, durante a estadia da família portuguesa no Brasil, as pastas da Fazenda, da Guerra e outras; uma descrição da estrada recém-aberta que ia do território capixaba para a Província de Minas Gerais, de 1818; e uma carta de Francisco Manuel da Cunha para o Conde de Linhares, em 1811, sobre a situação política e econômica da Capitania do Espírito Santo.

---

[67] RUBIM, Francisco Alberto. **Memórias Para Servir à História Até ao Anno de 1817, e Breve Noticia Estatistica da Capitania do Espirito Santo, porção Integrante do Reino do Brasil**. Lisboa: Imprensa Nevesiana, 1840. p. 10.

Nesse período, do início do século XIX, as minas de Castelo, no interior do Espírito Santo, também não produziam mais. Estima-se que do litoral até a região das minas se gastava de cinco a oito dias em canoas, dependendo da quantidade de carga.

O local, aonde se chegou a ter cinco povoações, agora se encontrava praticamente abandonado. Devido aos constantes ataques dos nativos na região, a população desceu o Rio Castelo e encontrou uma boa localização para se acomodar em Itapemirim. O rio de mesmo nome estava guarnecido, em 1817, por três fortes, com um total de 51 soldados para proteção[68].

Manoel Vieira de Albuquerque e Tovar tentou reerguer o povoamento nas minas de Castelo. Apresentando à Corte trezentas e sete oitavas e meia de ouro, conseguiu que reconhecessem sua boa qualidade, sem fazer vingar a reocupação do local.

A região da Vila de Itapemirim, que surgiu ao redor do quartel da Barca, foi alvo de ações desenvolvidas pelo governador Francisco Alberto Rubim, que abriu estradas e incentivou a colonização e o comércio. Ligada ao litoral por caminhos que iam a Piúma e Muribeca, era protegida pelo patrulhamento ali realizado, permitindo a formação de grandes fazendas.

Foi assim que se garantiu a existência de nove engenhos reais e uma engenhoca[69]. A Fazenda de Muribeca possuía também o seu engenho, além grande quantidade de gado de produção.

---

[68] PORTUGAL, Tomás Antônio de Vila Nova. **Capitania do Espírito Santo: Julho de 1816**. 1816.
[69] Engenhos menores, que não produziam açúcar, mas sim rapadura e cachaça.

Mas não só a região de Itapemirim recebia patrulhamento. Durante o governo de Tovar, anterior ao de Rubim, estabeleceu-se uma linha de destacamentos que funcionaria contra ataques indígenas em toda a capitania. Eram 300 praças divididos em quartéis espalhados pelo sertão capixaba.

No período estudado, a Vila de Itapemirim possuía cerca de 2.000 habitantes, o que a tornava quase tão povoada quanto Serra e Benevente[70]. O alto índice populacional está diretamente ligado ao interesse pelas minas de Castelo, cujo ouro atraiu diversas pessoas para lá.

Não só o ouro, mas os metais preciosos em geral atraíram nativos, portugueses e escravos. Uma imensa quantidade de pessoas migrou para o interior do Espírito Santo antes do desmembramento e formação da capitania de Minas Gerais. Todas essas pessoas, que agora se viam na miséria, não necessariamente voltaram para suas antigas terras, já que mais de um século se passara.

A nova geração, que nasceu nessas regiões, ali continuou vivendo da maneira que podiam. Nada do que foi produzido durante o século XVIII foi guardado para eventual dificuldade e agora, os que não permaneceram como faiscadores tentavam a sorte ou na pecuária, no caso mineiro, ou em fazendas e plantações, no caso capixaba.

No Espírito Santo, entretanto, poucas sesmarias produziam alguma coisa. Essas eram em número de 174 no ano de 1928 e a maior parte delas não era confirmada – a confirmação do Governo só vinha quando as terras eram ocupadas e cultivadas.

---

[70] PORTUGAL, 1816.

A política de distribuição de sesmarias parecia não funcionar corretamente. As terras, que deveriam ser distribuídas a quem estivesse disposto a ali trabalhar, iam parar muitas vezes nas mãos de pessoas que buscavam apenas possuir mais. Muitas vezes, esses não eram capazes de trabalhar toda a área, e grande parte ficava ociosa, como já comentamos. E as terras que são cultivadas, não o são adequadamente.

> Hé a Agricultura em que se emprega a mor parte dos Habitantes da Provincia, onde com preferência se cultiva a Cana de Açucar, Mandióca, Algodão, Milho, Café, Feijão e Arroz; o unico meio de preparar as terras para este fim, He rossar, derribar, queimar depois de secas suficientemente, e plantar[71].

Há certa preocupação, por parte de Inácio Acioli Vasconcellos, autor do texto citado, com a maneira que se preparam os terrenos. As queimadas, segundo ele dois séculos atrás, causavam a falta de chuva, seca de rios e a impermeabilização de terrenos.

Se já na época podiam-se perceber os efeitos do desmatamento, é possível dizer que isso dificultava ainda mais a produção alimentícia capixaba, que se limitava a algumas fazendas e era em baixa quantidade para comércio.

Entretanto, a situação descrita por Vasconcellos representa um período pouco posterior à independência do Brasil, momento

---

[71] VASCONCELLOS, Ignacio Accioli. **Memória Estatística da Província do Espírito Santo Escrita no Ano de 1828**. Vitória: Arquivo Público Estadual. 1978. p. 26.

em que o Espírito Santo mais uma vez encontrava dificuldades para se sustentar, após um período de quatro décadas (1780-1820) de moderado avanço na economia.

Enquanto colônia, a capitania alcançava os 22.000 habitantes, sendo que quase um terço dessa população se encontrava em Vitória. O destaque é para o número de escravos na capital: 4.898 contra 2327 homens livres. O contraste se inverte quando analisadas vilas com população indígena. Nova Almeida, Guarapari e Benevente possuíam mais homens livres que escravos. A primeira delas possuía apenas 42 escravos em 1790, contra 2.712 homens livres.

Segundo o governador Mongiardino, essas três vilas pouco contribuíam para a produção capixaba. O motivo, segundo ele, era a "preguiça" dos indígenas, que plantavam apenas para consumo próprio, "não cuidão nofuturo, esó obrigados da necessidade ou temor trabalhão (...) só cuidão elavrão para comer, e vestir"[72].

A situação tem a ver com a expulsão dos jesuítas em meados do século XVIII. Sem o comando dos religiosos em vilas essencialmente indígenas, as grandes fazendas foram abandonadas e os nativos que não permaneceram nas vilas migraram novamente para o interior da capitania.

As terras que foram doadas aos indígenas que viviam nas regiões refletiam a política portuguesa, fortalecida por uma carta régia de 1798 que equiparava os nativos aos portugueses que viviam na colônia.

---

[72] MONGIARDINO, Ignacio João. **Informação ao Governador da Bahia sobre a Capitania do Espírito Santo, em 11 de julho de 1790**. *In* LEAL, João Eurípedes Franklin. **Espírito Santo: Documentos Coloniais**. Vitória: Fundação Jonas dos Santos Neves, 1978. p. 58.

Os escravos de Guarapari chegaram a assumir o governo de uma grande fazenda local, que abrigava 400 desses cativos. Após a morte do proprietário eles se rebelaram, mataram um padre que lá foi tentar apaziguar a situação e declararam uma "república negra, que não foi fácil submeter", segundo o príncipe Maximiliano[73], que visitou Espírito Santo em 1816.

Um exemplo da baixa produtividade de certo elemento importante é o comentário, de Auguste de Saint-Hilaire, de que uma embarcação baiana, que ia a Guarapari para buscar farinha, se encontrava na vila há mais de três meses sem conseguir completar o carregamento[74].

Assim, além de não prezarem pelo trabalho escravo, não mantinham os ofícios antigamente administrados pelos missionários, de acordo com a informação encontrada. O quadro acentuaria a falta de exportação de produtos capixabas e também dificultava o comércio interno de alimentos.

Grande parte do gado criado na capitania era destinada não para o trabalho na lavoura, mas mais de um terço era para transporte ou fabricação do açúcar, nos engenhos que não eram movidos a água – sendo esse conhecido como engenho real.

A Vila de Vitória abrigava quatorze sesmarias que seriam cultivadas, apesar de apenas quatro serem confirmadas[75]. Os seus habitantes chegaram a ser chamados de "frouxos" em um documento colonial. E mesmo a sede da capitania sendo bastante

---

[73] MAXIMILIANO, Príncipe de Wied Neuwied. **Viagem ao Brasil**. São Paulo: Companhia Editora Nacional, 1940.
[74] SAINT-HILAIRE, Auguste de. **Segunda Viagem ao Interior do Brasil**. São Paulo: Companhia Editora Nacional. 1936. p. 100.
[75] VASCONCELLOS, 1978. p. 23.

acessível por mar, o principal comércio era feito com o Rio de Janeiro e a Bahia e por muito tempo não houve contato direto com o comércio estrangeiro.

Desejava-se o retorno do comércio com Lisboa, não só para exportação, mas também para importação de produtos que não podiam ser conseguidos no Brasil, através da comunicação mantida com as outras capitanias citadas.

Isso acontece por um certo abandono por parte dos donatários, durante o período colonial. Com pouca atenção ao andamento das terras capixabas torna-se impossível organizar a produção – lembrando que a maior parte das sesmarias não era utilizada adequadamente – garantindo a exportação dos produtos.

Outro ponto que dificultava a produção era o constante medo do gentio no interior. Não é a toa que apenas a partir da guerra declarada aos botocudos no ano da chegada da corte portuguesa no Brasil, é que se iniciou maior ocupação do sertão.

A vila mais fortificada do Espírito Santo era Vitória, desde as primeiras tentativas de invasões e descobertas de minerais preciosos nas proximidades. Eram duas fortalezas em 1817, a do Carmo e a de São João. As outras fortalezas já não existiam mais. Além disso, era vila a mais povoada, chegando a mais de 4000 habitantes no período, sem contar os escravos.

Mesmo assim, Vitória não era rica. Talvez por ser uma ilha, não possuía muitos engenhos, apenas quatro – nesse período a Capitania do Espírito Santo se encontrava com 76 engenhos e 68 engenhocas em seu território –, nem terras para serem cultivadas, como vimos, com o baixo número de terras distribuídas.

A pobreza se destaca na carta do bispo do Rio de Janeiro, D. Caetano da Silva Coutinho, segundo o qual após uma crisma com aproximadamente duas mil pessoas,

> Não chegaram as esmolas a trinta mil réis; prova da grande pobreza da terra: e eu a conheci ainda mais pela aluvião de mendigos, que me perseguiam em casa, e pelas ruas, e que eu fui mesmo visitar a suas Casas, e por quem reparti mais de duzentos mil réis[76].

Apesar de pobre, o povo era considerado dócil e civilizado pelo clérigo, que considerava a vila feia em 1812::

> "(...) Aquela [ilha], em que está fundada a Vila por modo de anfiteatro entre a praia e o flanco das montanhas, mostrando muitas Casas nobres de dois e três andares, Igrejas, Torres, e sobretudo o magnífico Colégio dos Jesuítas (...) Mas o interior não corresponde, porque as ruas são tortas, e estreitas, as casas velhas, e os Capixabas pobres, feios, e poucos 'absque eo, quam intrinsecus latet'"[77].

---

[76] COUTINHO, José Caetano da Silva. **O Espírito Santo em princípios do século XIX: apontamentos feitos pelo bispo do Rio de Janeiro quando de sua visita à capitania do Espírito Santo nos anos de 1812 e 1819.** Vitória: Estação Capixaba Cultural, 2002.
[77] COUTINHO, 2002. A citação em latim é da Bíblia, Cant. 4:1, e a tradução se aproximaria a "teus olhos são como pombas por trás do véu".

O autor ainda faz uma comparação com a vila de Campos que, apesar de ser mais industrializada, não possuía o ar de antigüidade e nobreza que Vitória possuía.

Ainda em 1790 o governador Mongiardino afirmava que a vila precisava de reparação. Calçadas e fontes se encontravam em mau estado e não havia despesa para realizar as obras. E assim, as despesas para reparações públicas vinham diretamente do povo, a partir de impostos.

Todavia, o governador trabalhou para o aumento da produção de linho e cânhamo[78] ao distribuir, entre os agricultores da região, as sementes para serem plantadas[79]. Não se sabe o efeito da ação, já que sua carta afirma que os capixabas não eram ligados ao trabalho.

O número de mestres se limitava a cinco para toda a vila, o que era um grande descaso com a educação. Após a expulsão dos Jesuítas da capitania e de todo o império português, em meados do Século XVIII, a educação pública pouco rendeu na região. Eram poucos os capixabas que iam completar seus estudos em Portugal.

Havia o interesse em fazer a sede da capitania sede também de uma diocese, pois o Espírito Santo era pouco provido de padres e algumas igrejas e oratórios particulares não eram

---

[78] Segundo o Houaiss, cânhamo é um "arbusto (*Hibiscus cannabinus*) da fam. das malváceas, com fibra de qualidade, semelhante à juta, folhas polimorfas, consumidas como verdura, flores brancas, amarelas ou purpúreas e cápsulas com sementes de que se extrai óleo alimentar, nativo de regiões tropicais do Velho Mundo e muito cultivado na Índia, na Indonésia e na África ocidental". DICIONÁRIO Eletrônico Houaiss da Língua Portuguesa. Versão 2.0a. Abril de 2007.

[79] LEAL, João Eurípedes Franklin. **Economia Colonial Capixaba**. 1977.

utilizados por isso. Mesmo assim, o bispo do Rio de Janeiro procurava fundar igrejas e enviar padres para a região do Rio Doce, que ainda atraía muita gente.

Uma das soluções encontradas para incentivar a produção capixaba foi a imigração de população de outras regiões para cultivar as terras da capitania. Grande quantidade de casais foi trazida das ilhas dos Açores.

Essas famílias foram instaladas próximas à Vila de Vitória, em região que foi denominada Viana, em homenagem ao intendente geral de Polícia Paulo Fernandes Viana, que tomou a iniciativa. Eles faziam parte, já, de processos de branqueamento da população brasileira.

As famílias chegaram em 1813 e receberam cinqüenta sesmarias, cedidas pelo governo. Seus descendentes também chegaram a receber terras e a cultivar nelas. Em viagem pelo Espírito Santo, o príncipe Maximiliano afirmou que os açorianos viviam em grande pobreza pois muitas das promessas feitas não foram cumpridas[80].

Há também informação de outros grupos que vieram habitar a capitania, como a tripulação de um navio espanhol que havia aportado em Vitória em busca de mantimentos para continuar a viagem para Montevidéu. Cerca de 50 deles, oriundos das Ilhas Canárias, resolvereu aqui ficar, na miséria. Foram encaminhados pelo governador Rubim para as lavouras[81].

---

[80] MAXIMILIANO, 1940, p. 144
[81] PENA 1878, p. 101.

[

# DA BUSCA PELO SERTÃO

A imaginária Serra das Esmeraldas continuava existindo nos sonhos da população. Em 1928, Inácio de Vasconcellos escrevia que "são raras as montanhas descubertas, suposto que todas em geral são riquissimas de pedras, e talvez bem preciosas, como a Serra das Esmeraldas, de que ninguem do Paiz dá noticia, mas que de facto existem"[82].

Talvez houvesse interesse do então Presidente de Província em manter valorizadas as suas terras diante do imperador D. Pedro I, ou senão era a crença de que grande quantidade de metais preciosos ainda estava para ser encontrada depois da total decadência das minas de ouro.

Um ou outro, a verdade é que cerca de metade de todas as sesmarias do Espírito Santo, no fim do período colonial, se encontravam na região do Rio Doce. Das oitenta e duas, apenas duas eram cultivadas e nenhuma delas confirmada. Todas serviam, provavelmente, como base para a busca de metais preciosos no interior da capitania ou além, já que o rio Doce nasce em Minas Gerais.

Como vimos, o interesse pela região do Rio Doce e a esperança em achar a Serra das Esmeraldas vem desde a segunda metade do Século XVI. Assim, a ocupação ali realizada, incluindo a fundação da Vila de Linhares, com o estabelecimento de fortificações em posições estratégicas, ocorreu com diversas dificuldades.

---

[82] VASCONCELLOS, 1978. p. 14.

"O rio dentro é muito largo a modo de baía e pode navegar-se por ele acima em barcos e canoas mais de 20 légoas: na barra podem entrar sumacas e maiores embarcações quando a corrente não for tão violenta"[83].

Os terrenos da região sempre são considerados, nos documentos estudados, bastante férteis. Os nativos, porém, estavam presentes na região ainda no século XIX, mesmo com a guerra declarada contra eles por D. João VI ainda no ano de sua chegada ao Brasil.

Os botocudos, com a expansão portuguesa para o interior durante o século XVIII, acabaram por ocupar a região das "Áreas Proibidas", que havia entre o Espírito Santo e as Minas Gerais. Como o local era literalmente proibido para os portugueses, era um reduto dos nativos. Esses sempre haviam sido um problema para a expansão capixaba para o interior e, assim como Castelo, a região do rio Doce era alvo de ataques constantes.

Em carta ao governo da Bahia de 1790, Ignacio João Mongiardino informa que famílias inteiras desciam o rio, vindas de Minas Gerais. O motivo era o contrabando e as desilusões na busca pelo ouro que, como vimos, já estava em ampla decadência. O destacamento para impedir o extravio do ouro pela região já estava ali construído, mas era a única coisa que restava. O povoado que ali havia se formado foi abandonado devido aos ataques indígenas.

---

83 RUBIM, 1840, p.15.

Linhares se recompôs e, em 1817, possuía 305 "almas", um hospital militar e dois quartéis, guarnecidos por 29 soldados no total. As terras utilizadas para criação de gado eram entrincheiradas, para garantir a proteção[84]. Os habitantes, ao irem às plantações, carregavam sempre espingardas. Além disso, não poderiam viajar sem licença prévia[85].

Francisco Manoel da Cunha nos deixa a informação que grande parte da população que residia próxima a Linhares, mesmo após alguns já terem abandonado a região em 1811, era formada de desertores, que foram convocados pelo governador Silva Pontes "para que se recolherem às suas respectivas praças, ou fossem residir no rio Doce"[86].

Esses desertores teriam recebido armamento para poder fazer frente aos ataques dos nativos. Com a mudança desses moradores, parte da defesa local se desfez, dificultando novamente a manutenção da posição brasileira no local.

Ainda segundo Cunha, muitos moradores abandonaram a região devido às políticas de Manoel Vieira de Albuquerque e Tovar, sucessor de Silva Pontes no governo capixaba, que teria abandonado os projetos de ocupação da região e incentivo à comunicação com Minas Gerais[87].

A rota que havia sido aberta entre as duas capitanias nos primeiros anos do século XIX já se encontrava em decadência em

---

[84] Ibid, p. 16.
[85] MAXIMILIANO, 1940, p. 154.
[86] CUNHA, Francisco Manoel. **Ofício dirigido ao conde de Linhares sobre a Capitania, hoje Província, do Espírito Santo**. 1811.
[87] Ibid.

1811. Na verdade, muito do que se pensava com o projeto não saiu das mentes envolvidas.

Até então, a comunicação com Minas Gerais era feita através de São Paulo, Bahia e Rio de Janeiro, por onde acontecia a maior quantidade de transportes, não só de ouro como também de gado no início do século XIX, quando Minas já assumia um caráter agrícola e pastoril.

Mas de todas as estradas que surgiram a partir desse período, quando a capitania mineira se encontrava em dificuldades para se manter, Caio Prado Júnior considera as capixabas como as mais importantes.

> Mais importante em todas estas novas vias de penetração do litoral para Minas, é a do rio Doce. Ela ocupa seriamente a administração pública porque, geograficamente, é de fato pelo Espírito Santo, e não pelo Rio de Janeiro, a saída natural da capitania. (...) Abre-se mais tarde, paralelamente ao rio, uma variante terrestre que se destina à condução do gado de Minas ao Espírito Santo, uma das principais razões aliás do estabelecimento de comunicação entre as duas capitanias.[88]

Sobre essas estradas, quando a capitania se tornou independente da Bahia em 1809 – no que diz respeito à fazenda – e recebeu a Junta da Administração e Arrecadação da Real Fazenda, no lugar da Provedoria subordinada à Junta sediada em

---

[88] PRADO, 2007. p. 246.

Salvador, alguns investimentos foram feitos em caminhos para o interior.

Apesar de a política ir contra as antigas decisões da Coroa portuguesa de evitar o contato com a Capitania de Minas Gerais, a situação agora assumia uma nova face. A queda na produção do ouro desde a metade do século XVIII preocupava a administração portuguesa. Assim, com D. João VI no Rio de Janeiro, novas atitudes foram tomadas.

A abertura de estradas no "Nilo Brasiliense" em direção à região das minas e a criação de quartéis em locais estratégicos – o de Souza, no rio Doce, o de Lorena e o de Regência – serviriam não só para garantir viagens a partir do Espírito Santo. Ela permitia a comunicação com povoações no interior, para monitorar extravios de ouro e outros metais preciosos. Esses poderiam acontecer pelo litoral capixaba[89], que não recebia diretamente a produção aurífera brasileira.

Toda a política das estradas vinha da demarcação dos limites entre as duas capitanias, realizada em 1800 por ambos os governos, a partir de ordens da Corte, quando esta ainda se encontrava em Portugal. A demarcação tinha o objetivo também de estabelecer as jurisdições para a cobrança de impostos.

No rio Doce, o acordo com o governo mineiro parece não ter surtido efeito inicialmente. A criação dos fortes nas proximidades do rio aconteceu até 1802 e, em 1811, Minas Gerais ainda não praticava comércio pela nova rota[90]. O motivo é que Silva Pontes

---

[89] OLIVEIRA, 2008, p. 261.
[90] CUNHA, 1811.

"carregara de sal algumas canoas que com extrema dificuldade subiram o Rio, sendo as canoas e a carga postas em terra vinte e três vezes a fim de contornar as cachoeiras, e sofrendo a gente da expedição os ferozes ataques dos botocudos. Chegadas as canoas a Minas, após mil perigos, vendeu-se o sal, carregou-se algum algodão e iniciou-se a jornada de regresso com os mesmos riscos, ao ponto de ninguém mais se abalançar a semelhante cometimento, batizado solenemente de abertura da navegação para Minas Gerais"[91].

Logo, a primeira viagem foi decisiva para a desvalorização do trabalho do então governador. A baixa ocupação das terras que margeavam o rio era um problema crucial. Apesar de bastante férteis e produtivas, nada se plantava ali. A falta de uma perspectiva de exportação não atraía agricultores. Esses, no percurso do rio, poderiam contribuir para a ocupação efetiva, talvez facilitando e diminuindo os riscos da navegação.

Não só isso simboliza o fracasso da utilização da região como ponto de comunicação com o interior, mas surgem também alguns questionamentos envolvendo a sua real utilidade, se é que essa foi alcançada, por parte de Francisco Manuel da Cunha.

Este afirma que a abertura das estradas facilitou não só a viagem da população para o interior, mas também dos indígenas que lá viviam para o litoral, "mostrando-se-lhe como com o dedo o trilho que deviam seguir[92]".

---

91 LIMA, Oliveira. **Dom João VI no Brasil: 1808-1821**. Rio de Janeiro: José Olympio, 1945. Vol. II, p. 789.

Além de atacarem as vilas, como não só no caso de Linhares, mas de locais mais próximos a Vitória, como aconteceu algumas vezes na Vila de Nossa Senhora da Conceição da Serra, os nativos vitimaram também grupos indígenas que viviam pacificamente com os portugueses.

Com o abandono da navegação no rio Doce, a área teria inclusive se tornado local de exílio dos que discordavam do governador Tovar[93]. Negociantes, um capitão e um padre são exemplos dos que para lá foram enviados.

Assim, surgia o interesse de estabelecer comunicação com a capitania vizinha não mais pelo norte, mas pelo rio de Santa Maria, que "vem desembocar no braço-de-mar que forma o ancoradouro da vila da Vitória"[94]. Estaria garantida assim a exportação imediata dos produtos, a partir dos portos capixabas. Em 1811, entretanto, embarcações européias não mais se dirigiam à capitania.

No ano seguinte, o bispo Silva Coutinho escrevia que a estrada entre Vitória e Vila Rica, atual Ouro Preto, estava sendo construída. Além de acreditar que o comércio e navegação local aumentariam assim que o caminho estivesse pronto, ele faz o interessante comentário de que a cidade mineira fica no exato mesmo paralelo de Vitória, o de 20 graus e 20 minutos[95].

A informação demonstra claramente que o caminho mais rápido até lá é a linha reta que existe entre as duas cidades. Prova de que se a estrada tivesse sido feita antes e utilizada para o

---

[92] CUNHA, 1811.
[93] Ibid.
[94] CUNHA, 1811.
[95] COUTINHO, 2002.

escoamento da produção aurífera da região, teria havido menos dificuldades e mais rapidez em seu envio para Portugal.

Vale destacar também, o que foi a prioridade portuguesa, que tal estrada atrairia outras nações para o local, em busca de alcançar a região mineira. O que não se pode deixar de comentar é que assim como Vitória poderia ser atacada, também poderia ser o Rio de Janeiro, não importando aonde se fizesse a estrada, desde que o local recebesse a atenção e proteção necessárias para isso.

A estrada foi aberta durante o governo de Francisco Alberto Rubim, como demonstra carta sua a Tomás Antônio de Vila Nova Portugal[96], que como já dito, possuía cargos importantes na corte portuguesa no Rio de Janeiro.

Ela seguia da Vila de Vitória em um caminho de quase 72 léguas[97] até Vila Rica e possuía quartéis a cada três léguas em território capixaba. As despesas eram divididas entre ambas as capitanias, ficando o Espírito Santo responsável pelo soldo dos oficiais e soldados. Minas Gerais assumia os gastos com mantimentos.

Essa estrada, que ficou conhecida com o nome de Estrada do Rubim, antes de receber a denominação de Estrada São Pedro de Alcântara – em homenagem ao primeiro imperador do Brasil,

---

[96] RUBIM, Francisco Alberto. **Descrição da Estrada Para a Província de Minas Gerais pelo Rio Santa Maria**. 1819.

[97] Légua é uma medida de distância muito utilizada durante o período colonial no Brasil. Seu valor variava, mas aproximava-se de 6.500m. A estrada possuía assim mais de 450 quilômetros de extensão. Em maio de 1855, por um decreto assinado em Portugal, estabeleceu-se sua distância como 5km.

D. Pedro I –, veio substituir o "caminho velho" do ouro, que ia de Vila Rica a Paraty, no Rio de Janeiro.

Esse antigo caminho foi substituído devido à necessidade de uma nova estrada que pudesse ser mais protegida, como no caso da estrada capixaba, vigiada por diversos quartéis.

O "caminho novo", que foi estendido também para o Arraial do Tejuco, atual Diamantina, foi recentemente incluído na rota da Estrada Real[98], que resgata os caminhos percorridos por escravos e comerciantes, construída a partir das buscas pelas riquezas do interior brasileiro.

A baixa produção do ouro no início do século XIX não permitiu grandes recompensas pela nova rota de escoação da produção para o litoral. A crise já havia alcançado Portugal e a família real já se encontrava na colônia.

Ao se aproximar a independência do Brasil, todavia, o Espírito Santo passa a ser governado por uma Junta Provisória. Ela assumia a administração da capitania após Francisco Rubim ser nomeado governador do Ceará em 1819.

A Junta estava mais preocupada com sua situação política do que com a economia capixaba. O momento levou a "queda do comércio, agricultura, rendas, bem como a ruína das estradas, pontes e quartéis. Novamente o caos econômico e financeiro dominou o Espírito Santo[99]".

---

[98] Jornal A Tribuna. Vitória-ES. Domingo, 12/10/2008. p. 14.
[99] LEAL, 1977,

# CONCLUSÃO

É com essas características que a capitania, agora com o título de província, entra no período monárquico brasileiro. Em uma situação em que apenas as despesas com as tropas eram quase quatro vezes maiores do que a renda anual, muitas dificuldades ainda viriam.

Mesmo com todo o interesse e todos os olhos voltados para o Espírito Santo nos primeiros anos da colonização do Brasil, a capitania não se manteve entre as mais proeminentes depois da queda em suas exportações de açúcar ainda no século XVI.

Durante esse século e o XVII, a região passou por diversas dificuldades econômicas que impediram o seu desenvolvimento adequado. O baixo número de colonos e as diversas tentativas de invasões se encontram na lista dos problemas.

A descoberta do ouro, fato que poderia ter alavancado a economia capixaba no século seguinte, passou longe de assim agir. Crises surgiram imediatamente, chegando inclusive a faltar comida no Espírito Santo.

Os investimentos seguintes foram limitados principalmente na reestruturação e edificação de fortificações, simbolizando o medo de possíveis invasões de estrangeiros em busca das riquezas brasileiras.

Entretanto, se o ouro não trouxe melhorias para o Espírito Santo, começava a surgir, ainda escondido entre os problemas econômicos, o produto que transformaria a estrutura capixaba: o café já vinha sendo plantado desde 1812 nas proximidades do rio Doce, e continuava crescendo.

# REFERÊNCIAS

# FONTES

Carta de foral da Capitania de Vasco Fernandes Coutinho. Chancelaria de D. João III. Livro VII, fls. 187-187v. Arquivo Nacional da Torre do Tombo. Lisboa, Portugal. Paleografia: Deoclécio Leite de Macedo.

COUTINHO, José Caetano da Silva. **O Espírito Santo em princípios do século XIX: apontamentos feitos pelo bispo do Rio de Janeiro quando de sua visita à capitania do Espírito Santo nos anos de 1812 e 1819**. Vitória: Estação Capixaba Cultural, 2002.

CUNHA, Francisco Manoel. **Ofício dirigido ao conde de Linhares sobre a Capitania, hoje Província, do Espírito Santo** (1811) *In* Revista do Instituto Histórico Geográfico Brasileiro. Vol 12. 1849.

FERREIRA, Manoel dos Passos. **Descrição da Estrada para a Província de Minas Gerais pelo Rio Santa Maria mais Medição, Direção e Observação da Nova Estrada**. 1818.

GANDAVO, Pedro de Magalhães. **Historia da prouincia sacta Cruz a qui' vulgarmete chamam Brasil / feita por Pero Magalhães de Gandauo, dirigida ao muito Illsre snor Dom Lionis Pa gouernador que foy de Malaca e das mais partes do Sul na India**. Impresso em Lisboa : na officina de Antonio Gonsaluez. 1576.

KNIVET, Anthony. **As Incríveis Aventuras e Estranhos Infortúnios de Anthony Knivet**. Rio de Janeiro. Jorge Zahar Editor, 2007.

MAXIMILIANO, Príncipe de Wied Neuwied. **Viagem ao Brasil**. São Paulo: Companhia Editora Nacional, 1940.

MONGIARDINO, Ignacio João. **Informação ao Governador da Bahia sobre a Capitania do Espírito Santo, em 11 de julho de 1790**. *In* LEAL, João Eurípedes Franklin. **Espírito Santo: Documentos Coloniais**. Vitória: Fundação Jonas dos Santos Neves, 1978.

PORTUGAL, Tomás Antônio de Vila Nova. **Capitania do Espírito Santo: Julho de 1816**.

RUBIM, Francisco Alberto. **Memórias Para Servir à História Até ao Anno de 1817, e Breve Noticia Estatistica da Capitania do Espirito Santo, porção Integrante do Reino do Brasil**. Lisboa: Imprensa Nevesiana, 1840. Disponível: http://www.ape.es.gov.br/livro_alberto_rubim.htm. Acesso em: 14/10/2008.

SÁ, Mém de. **Carta para El-rei (primeiro de junho de 1558)** in Anais da Biblioteca Nacional, XXVII

SAINT-HILAIRE, Auguste de. **Segunda Viagem ao Interior do Brasil**. São Paulo: Companhia Editora Nacional. 1936.

VASCONCELLOS, Ignacio Accioli. **Memória Estatística da Província do Espírito Santo Escrita no Ano de 1828**. Vitória: Arquivo Público Estadual. 1978. Disponível em: http://www.ape.es.gov.br/pdf/Memoria%20Statistica%20Ignacio%20Acciolli%201828.pdf. Acesso em: 14/10/2008.

[

# BIBLIOGRAFIA

Catálogo de Documentos Manuscritos e Avulsos da Capitania do Espírito Santo: 1585-1820. João Eurípedes Franklin Leal (Org.) 2ª ed. Vitória: Arquivo Público Estadual. 2000.

DAEMON, Bazilio Carvalho. **Província do Espírito Santo: Sua Descoberta, Historia Chronologica, Synopsis e Estatistica.** Vitória: Typographia do Espirito-Santense. 1879. Disponível em: http://www.ape.es.gov.br/daemon_livro.htm. Acesso em: 10/09/2008.

ELTON, Elmo. **Logradouros Antigos de Vitória.** Vitória: EDUFES, Secretaria Municipal de Cultura, 1999.

FREIRE, Mário Aristides. **A Capitania do Espírito Santo: Crônicas da Vida Capixaba no tempo dos Capitães-mores.** Vitória: Flor & Cultura Editores, 2006.

HOLANDA, Sérgio Buarque de. **Raízes do Brasil.** 26ªed. São Paulo: Companhia das Letras, 1995.

HOUAISS A. **Dicionário Eletrônico Houaiss da Língua Portuguesa.** Versão 2.0a – Abril de 2007.

JORNAL A Tribuna. Vitória-ES. 12/10/2008.

LAMEGO, Alberto. **A Terra Goytacá: À Luz de Documentos Inéditos.** Bruxelles: Paris: L'Édition D'art Gaudio, 1920.

LEAL, João Eurípedes Franklin. **Economia Colonial Capixaba.** In Revista Cuca Cultura Capixaba. Vitória, ES. Nº0. Fev 1977.

LEAL, João Eurípedes Franklin. **As Fortificações do Espírito Santo no Século XVIII.** In **Revista de Cultura da UFES.** Vitória: Fundação Ceciliano Abel de Almeida, v.5, n.14, p.27-29. out/nov; 1980.

LEITE, Serafim. **História da Companhia de Jesus no Brasil.** 10 Vols. Rio de Janeiro: Imprensa Nacional. 1938-50.

LIMA, Oliveira. **Dom João VI no Brasil: 1808-1821**. 2 Vols. Rio de Janeiro: José Olympio, 1945.

PENA, Misael Ferreira. **História da Província do Espírito Santo**. Rio de Janeiro, 1878.

PRADO JÚNIOR, Caio. **Formação do Brasil Contemporâneo**. São Paulo: Brasiliense. 2007.

SANTOS, Estilaque Ferreira. **"Todo o Bem que a Velha Tem": O Brasil no Pensamento Diplomático Português do Séc. XVIII**. Vitória: UFES-PPGHis, 2005.

TAUNAY, Afonso de E. **Relatos Sertanistas Vol. VII**. Biblioteca Histórica Paulista. São Paulo: Livraria Martins Editora S.A. 1953.

TEIXEIRA, José Oliveira de. **História do Estado do Espírito Santo**. Ed. Vitória: Arquivo Público do Estado do Espírito Santo: Secretaria de Estado da Cultura, 2008.

VARNHAGEN, Francisco Adolfo de. História Geral do Brasil (5 Vols). 3ª Ed. São Paulo: Companhia Melhoramentos. 1936.

# ELETRÔNICOS

BRITANNICA Online Encyclopedia. Disponível em: http://www.britannica.com. Acesso em: 10/09/2008

UNIVERSIDADE de Franca. **Arquitetura**. Disponível em: http://www.unifran.br/blog/arquitetura/. Acesso em: 22/09/2008.

www.ingramcontent.com/pod-product-compliance
Lightning Source LLC
Chambersburg PA
CBHW020604030426
42337CB00013B/1200